小學趣事多 **2**

追蹤蟻哥的奇幻旅程

孫慧玲 著　山貓 繪

新雅文化事業有限公司
www.sunya.com.hk

常常聽到家長抱怨，給小孩看的中文書太少了，小學低年級尤其如是。有說是因為香港的市場太小，書商沒有出版的誘因，那是商業的視角；也有說是因為中國人傳統，兒童書非要講大人才懂的道理，因此孩子興趣不大，這是文化的視角；也有說是兒童書的故事，要嗎是貓貓狗狗只適合幼兒，要嗎都是他們不熟悉的情景，也不是兒童的意境，那是文學的視角。

商業的維度，難以解決；文化的習慣，也不是朝夕可以改變。然而，文學的領域，倒是作者可以耕耘的廣闊園地。

這套書，就是孫慧玲女士在這方面的開拓。就是兒童熟悉的生活，卻是甚少有人寫的學校片段；可是表達出來，卻是生動活潑，引人入勝的故事。沒有刻意的「講道理」，「道理」卻在其中。希望有更多這樣的作品。

程介明
香港大學榮休教授

贈序二

　　日本動畫大師宮崎駿先生對童年有以下的演繹：
「童年是為了要體會在孩子時候才能夠體會到的事物而存
在的。童年時五分鐘的經歷，甚至勝過大人一整年的經歷。」

　　除了家庭，小學就是孩子度過童年的地方，無論是開心的，
不開心的，印象特別深刻的事情，其實都是在小學裏發生的！

　　《小學趣事多》系列中的幾個故事，我相信，每一天，都在不
同校園中發生着，以往如是，現今都是一樣。難得的是，作者用了
她的一對童眼，去窺探校園裏面每一個角落，發掘每一天，看似好
瑣碎但卻是充滿着童真、好玩、搞鬼的事情，以略帶誇張但又出人
意表的情節鋪排，加上細膩的描述，令每一個校園故事在趣味中洋
溢着童真、愛和溫情。

　　這套書，說得上老少咸宜，不但能夠吸引小孩子看，對成年人
也很適合，因為小孩子在校園中的件件趣事，迸發出的童真惹笑而
煞有介事的言行反應，都能勾起我們自己已經塵封的童年回憶；對
小朋友，也絕對能夠引起共鳴，所以我極力推薦給小朋友，亦推薦
給家長閱讀。

　　It's a book too good to be missed.

林浣心 MH JP

英華小學前校長

3

讓兒童文學更好地為兒童成長引路

兒童就是未來，人類的希望寄託在兒童身上。兒童天生好奇，愛不斷探索，創意無限，只有在探索中孕育創意，才能輕鬆學習，不斷超越自己，為未來作更好準備。家長老師要小心保護兒童的好奇心，認真地對待兒童的每一個問題，欣賞兒童每一個探索的行動，更不要讓自己的好奇心泯滅。

兒童文學應發揮表現兒童好奇心和刺激兒童創意的作用。兒童文學作家要永遠懷着一顆不老童心，保持對新事物的敏感性和興趣；要有一雙善於觀察童真童趣的眼睛，捕捉兒童每一個異想天開的意念，發現精彩；善用手上的一枝彩筆，從兒童的角度，寫充滿愛意創意的兒童故事，這樣才能使兒童文學更好地為兒童成長引路。

在此，我要多謝外孫陳駿熙，他自升小學以來，每天放學，總會帶來許多故事。講述故事，有時繪影繪聲煞有介事，有時平平淡淡卻趣味盎然，有時又忿忿不平，甚至滿懷委屈……孩子那表情豐富，洋溢童真的小臉，實在可愛極了！我還要多謝妹妹陳曉嵐，她和哥哥一唱一和，還會加鹽加醋，糾纏不休，智慧鬥一番，讓故事更增添童真童趣。他們口中飛出來奇趣故事，讓我腦海中好玩到不得了的故事藍圖也立即浮現出來，不寫出來跟大家分享，實在浪費！

《小學趣事多》系列四個奇趣校園故事，正是為小朋友而寫：
《玩兵捉賊的神奇結局》：四個小朋友玩兵捉賊，卻引出女廁四腳鬼撞牆的謎團，小學校園真是充滿搞笑式的恐怖驚慄？

《追蹤蟻哥的奇幻旅程》：玩捉迷藏卻變了發現螞蟻；要殺死螞蟻，卻又變成助蟻抗敵；然後又出現了風紀和校長，糟糕了？

《告狀班長的魔法奇緣》：班長威風凜凜，愛「摘名」，愛告狀，討人厭的班長為何變了性情？過程原來會令人看得嘻哈大笑的。

《渴望長大的六出奇計》：每個孩子都渴望長大，陳小熙想擺脫同學和妹妹，進行秘密行動；最後，他的行動卻又怎的變成互助合作的温馨故事？

在此，我要多謝香港大學榮休教授程介明先生，程教授是香港教育的中流砥柱，對教育政策和方法素有研究；有了孫兒之後，程教授更對兒童教育及兒童文學的教育功能，有所注意，得到他肯定和鼓勵，實感榮幸。謝謝。

我要多謝英華小學前校長林浣心女士 MH JP，林校長經驗豐富，以愛心和創意治校，對無論男女學生，她都能夠以自己的童心童眼，發現孩子的資質品性，保護孩子可貴的好奇心。得到她對作品讚美欣賞，十分榮幸。謝謝。

還有，多謝新雅文化事業有限公司董事總經理兼總編輯尹惠玲女士賞識，要出版一些鬼馬調皮創意童趣的故事時，總會想起我，謝謝；還有編輯劉慧燕女士和黃稔茵小姐的用心跟進，謝謝。

希望這套《小學趣事多》，正如林浣心校長所說：

"It's a book too good to be missed."

十分好看，不容錯過，不看是損失！

孫慧玲

目錄

人物介紹

陳小熙

聰明精靈，活潑好動，喜歡上學，渴望獨自探索校園四周。

陳東

性格內向，膽子細小，不太敢說話，但擁有一顆樂於助人的心。

黃晶晶

平易近人，英文成績優秀，常常熱心教導同學英文。

何可人

開朗樂天，不拘小節，外向愛玩，和黃晶晶是出雙入對的好朋友。

快，躲起來！

自從上次在小息時玩兵捉賊，玩出個女廁出現四腳鬼的神奇事件後*，陳小熙、陳東、何可人和黃晶晶，便成為了好朋友。有了好朋友，小學的生活，便變得充滿趣味了。

今天小息，他們又有新主意，決定在操場裏玩捉迷藏。操場旁邊有幾棵大樹，還有一些灌木、盆栽、假山，實在是玩捉迷藏的好地方。

他們玩剪刀石頭布，贏了的，躲起來；輸了的，便做鬼，去捉人。

奇怪的是，他們每個人，都希望自己猜輸。你知道為什麼嗎？

* 想知道女廁為什麼出現四腳鬼，請看本系列第一冊《玩兵捉賊的神奇結局》。

一開始，陳小熙便輸了，他高高興興地轉過臉，掩着眼睛，身體貼近牆壁，開始數1、2、3……其他同學拔腿便跑，緊張地要找個地方躲起來。

小胖子陳東躲在大榕樹後面。大榕樹樹幹粗壯，氣根粗密，枝多葉茂，正好遮掩了陳東胖胖的身體；何可人和黃晶晶不想分開，雙雙躲在假山後面，其實假山不夠大，藏不下兩個人。

陳小熙看到女孩子的裙襬，心裏想：女孩子怎麼總是要黏在一起？

小熙知道女孩子的躲藏處，故意不急着去捉她們，反而到處去找陳東。

11

「陳東，我來捉你了！」小熙知道胖胖的陳東膽子小，嚇嚇他，他可能會自己走出來。

沒有聲響，不見蹤影！

假山後面有何可人和黃晶晶，盆栽藏不了小胖子，那排灌木又太貼近牆邊而生……

陳東可以躲在哪裏？小朋友，你們可以幫忙找一找嗎？

發現奇兵

　　幾棵大樹，應該是陳東最好的藏身地方。

　　陳小熙向着最近的一棵大榕樹走過去。

　　忽然，他停下腳步，蹲在大榕樹不遠處的小卵石路上。

　　他聚精會神地看着路面……好久……

　　這次，陳東、何可人和黃晶晶心急了。

　　何可人忍耐不住，叫道：「陳小熙，你在搞什麼鬼呢？快來捉我們呀！」

　　陳東更心急，更沒有耐性，決定自己走出來，要看看小熙發現了什麼有趣的東西。

陳小熙蹲在小卵石路上，觀察着小卵石縫隙……

　　小卵石縫隙中有一行小螞蟻，只見黑色的小身體托着對牠們來說是非常巨大的樹葉碎片。牠們或一隻，或三三兩兩，排着隊，像軍隊般快速而有秩序地移動着，向同一方向前進……

　　陳東一看見這些黑色的小昆蟲，兩眼發光，便一腳踩過去，大叫道：「螞蟻！」

何可人和黃晶晶也不躲貓貓了，從大石後面走出來，叫嚷道：「傻瓜！為什麼要踩死牠們呢？」

　　陳東不理會女孩子的勸阻，更找來一枝帶着樹葉的小樹枝，連連拍打，左右撥掃，打得螞蟻四散竄逃……

　　陳小熙拉着陳東的手，想阻止他對螞蟻施行暴力：「不要！陳東！不要這樣殘忍！」

　　可惜陳東手腳粗壯，雙臂有力，小熙拉不動他，還差點跌倒在地上。

　　何可人和黃晶晶站在一旁乾焦急，無計可施。

這時候，上課的鐘聲響了。陳東只好停下來，跟着大家回課室去。

　　「陳東，你為什麼要殺死螞蟻呢？」在路上，陳小熙問陳東道，何可人和黃晶晶也豎起耳朵細聽。

　　大家都想知，陳東為什麼這樣厭惡螞蟻。

　　陳東還未回答，一行人已經進入課室了。

　　「肅靜！不可說話！」嚴厲的班長嚴真真，站在講台上，很有權威地下令道。

　　誰敢不服從，班長便登記姓名，向老師報告。

第三章
螞蟻偵探

第二個小息，四個好同學，又走到操場小石卵路上蟻羣出現的地方。

黑色的小螞蟻沒有指揮官，卻不停地工作，搬運糧食。

陳東見到螞蟻，舉腳，又是要踩死牠們。

陳小熙、何可人和黃晶晶團團圍着陳東，阻止他施行暴力。

「你先告訴我們你為什麼要殺死螞蟻。」陳小熙說。

「誰叫牠們在我家中廚房裏爬來爬去，吃我的餅乾呀、蛋糕呀、零食呀。」陳東嚷着。

「牠們還咬過我的嘴角，很痛的啊，我要報仇！」陳東漲紅了臉，對螞蟻好像真的恨之入骨。

24

「我還時常發夢，夢見牠們變成很大隻的外星怪獸，走來捉我、咬我、吃我！」

可憐的陳東，他被螞蟻嚇破膽了！

25

「咬你的是這種小黑螞蟻嗎？」何可人問道。

「這種小黑螞蟻是不會攻擊人和咬人的！」黃晶晶說。

陳小熙說：「我們先跟蹤牠們，看看牠們去哪裏，做什麼。」

陳小熙這建議很吸引，知道牠們的巢穴，來一個徹底消滅，正是陳東的心意。

他們彎着身子，躡手躡足，放輕腳步，在螞蟻行列的旁邊，一直追蹤，看螞蟻在做什麼，去哪裏，巢穴在哪。

第四章

螞蟻大戰

　　要追蹤螞蟻真是十分困難，因為不消一會兒，牠們便忽然地消失在一些隱蔽入口，或是其他不明顯的孔洞。

　　他們小心翼翼跟蹤着忙碌地抬着食物的螞蟻，一直到大榕樹下的一處。

　　「咦，你們看，這一邊，有另一種比較大隻的螞蟻，是啡色的。」

　　「噢，啡色螞蟻衝過來了，吖，牠們攻擊黑色螞蟻！」

「好像要搶黑色螞蟻的食物。」

「大蝦細，無智慧！」陳東叫道。

「喂，陳東，不要說話粗俗！」何可人提醒道。

做個有禮優雅的人，是學校的教導。

奇怪的是，口中嚷着要殺螞蟻的陳東，竟然同情小螞蟻了？

就在這時候，蟻洞中，突然湧出許多體型比較大的黑色螞蟻，好像士兵般，衝向啡色螞蟻，阻止牠們搶劫。

兵蟻出動了！啡蟻、黑蟻，蟻羣混戰開始了，牠們扭打在一起。

小朋友對啡蟻的恃強凌弱，十分看不過眼，陳小熙一伸出腳，便要踩下去⋯⋯

「不要！啡蟻會咬人！」陳東叫道。

「你會連小黑蟻也殺死的！」何可人大聲嚷道。

機靈的小熙，伸出的腳，硬生生地在半空中停住了⋯⋯

於是，他們到處去找掉在地上的小樹枝。做什麼？

當然是用來做武器，拍打、撥掃啡蟻。但是，啡蟻和黑蟻已經打成一團，小朋友一拍打、撥掃，啡蟻、黑蟻便齊齊「蟻仰蟻翻」。

只是，小朋友這一摻和，螞蟻奇兵紛紛撤退了……

不消一會兒，小黑蟻又整頓了隊形，繼續工作了。至於躺在地上不能動彈的同伴，則由負責戰鬥的蟻哥將牠們抬回洞穴中。

小螞蟻互相照顧和愛護，使小朋友們深深感動。

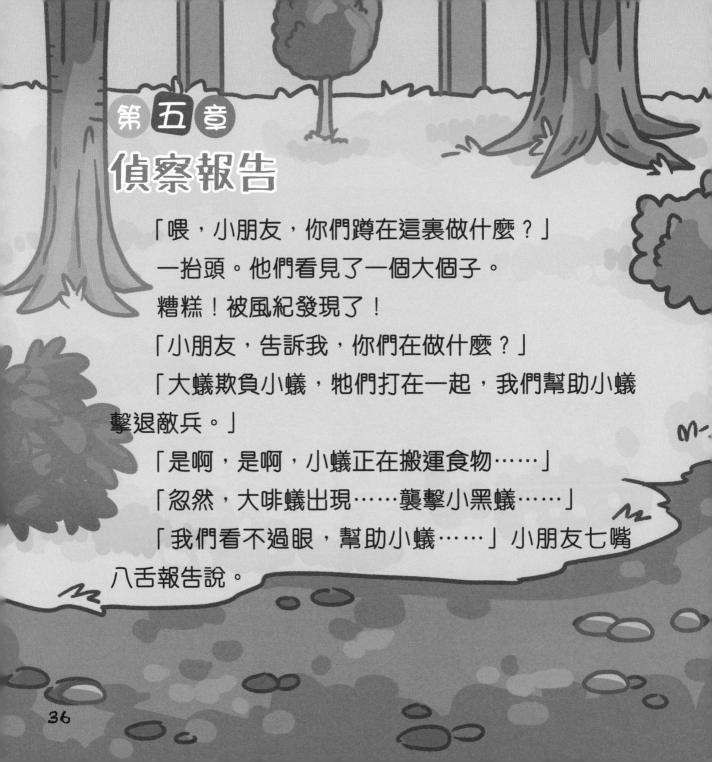

第五章
偵察報告

「喂，小朋友，你們蹲在這裏做什麼？」

一抬頭。他們看見了一個大個子。

糟糕！被風紀發現了！

「小朋友，告訴我，你們在做什麼？」

「大蟻欺負小蟻，牠們打在一起，我們幫助小蟻擊退敵兵。」

「是啊，是啊，小蟻正在搬運食物⋯⋯」

「忽然，大啡蟻出現⋯⋯襲擊小黑蟻⋯⋯」

「我們看不過眼，幫助小蟻⋯⋯」小朋友七嘴八舌報告說。

「大蟻欺負小蟻，大蝦細……」陳東沒有再說下去，反而掩着嘴，不好意思地笑了。

　　說話的是本來膽子小，害怕風紀、老師和校長，見到他們老是縮在一旁，不敢說話的陳東！他說得滿有正義感似的，忘記自己是螞蟻殺手！

風紀哥哥問小朋友：
「螞蟻有多少顏色？」
「螞蟻有多少對腳？」
「螞蟻有沒有翅膀呢？」
「螞蟻有沒有智慧呢？」
「螞蟻是怎樣分工的呢？」
「螞蟻對自然界有沒有功勞呢？」
　一連串的問題，問得小朋友們啞口無言，卻引起了他們對螞蟻的興趣。
　「找到答案，來5A課室告訴我，我叫王子奇。」風紀哥哥說。

這時，大榕樹後面，施施然走出了一個人。

噢！竟然是⋯⋯是⋯⋯是⋯⋯校長！

原來他一直靜靜地在大榕樹後面站着，聆聽着小朋友講故事。

陳東緊張得漲紅了臉，他擔心校長知道他殺死螞蟻，殘忍對待動物，還說了粗俗說話，準備懲罰他⋯⋯

出乎小朋友意料之外，校長竟然一手輕輕地撫摸陳東的頭，一手搭着陳小熙的肩膊，慈愛地說：「天地萬物都有生存的權利，學校發現了螞蟻羣，正好給你們探索。」

　　「好玩呀，我們成立追蹤蟻哥偵探組！」陳小熙說。

　　「不要忘記做記錄，交報告。」風紀哥哥王子奇說。

　　校長說：「做完了報告，請子奇學長帶你們來校長室，我請你們吃午餐。」

　　嘩！嘩！嘩！

　　不得了！竟然可以去校長室！

　　還和校長一起吃飯！

　　哈，小學趣事多！

　　趣事多又多！

親子共讀思考樂園

親子共讀有竅門

鼓勵孩子閱讀,需要一定技巧。家長可以從「講故事之前」、「講故事時」和「講故事之後」三個階段,掌握親子共讀的竅門。

講故事之前	講故事時	講故事之後
1 **設立目標:**引導孩子培養品德與閱讀興趣、習慣和能力;	1 從封面開始,閱讀封面,研究封面,猜測故事;	1 利用書後所附親子共讀樂園所設的各類問題,深化閱讀;
2 **調整心態:**放下一切,放鬆心情,用慈愛、愉悦與耐性來進行親子共讀;	2 聲情並茂,用孩子熟悉的語言講故事;	2 引導孩子去揣摩和理解故事與人物的心情、情感和思想;
3 **提前預習:**家長、老師自己要先讀過所選故事書;	3 如有需要,可以稍為省略一些細節描述,維持孩子興趣;	3 不要忘記用白話文朗讀全文,增強孩子的語感;
4 **提前預備:**可以先預備閱讀活動所需工具,例如紙張、顏色筆、布偶等;	4 一邊閱讀,一邊提問,增進閱讀樂趣和感情;	4 幫助孩子進一步掌握及熟悉字形、詞彙,提升語文能力;
5 **不要拒絕和孩子共讀重複的故事。**	5 欣賞文字,擴大詞彙量,鍛煉觀察力。	5 和孩子一起演繪本,讓孩子代入故事中的人物,建立情感和同理心。

達至目標:孩子逐漸過渡到自主閱讀

共讀提問貼士

和孩子精讀一本書，關鍵在於提問。

- 提問時，要注意孩子的能力，參照和選擇不同層面的問題來提問。
- 以下問題，只是列舉參考，家長可以按照孩子情況，自行設問。

記憶性問題
- 故事發生在學校什麼地方？
- 四位小朋友正在玩什麼遊戲？他們叫什麼名字？誰做鬼去捉人？

理解性問題
- 找找看：三個躲起來的小朋友，各躲在什麼地方？
- 陳小熙正向陳東的藏身處走去，為什麼忽然停下腳步？

應用性問題
- 他們躲藏的地方各有什麼優點和缺點？
- 追蹤小螞蟻有什麼困難？

分析性問題
- 陳東和螞蟻有什麼仇恨，一定要殺死牠們？
- 為什麼黃晶晶反對陳東殺小螞蟻？

評估性問題
- 螞蟻對陳東有很大的心理影響，可以舉事例說明嗎？
- 陳東由仇恨螞蟻到幫助螞蟻抗敵，表現了他具有怎樣的性格呢？

創意性問題
- 如果你是校長，你會對小朋友騷擾螞蟻的行為，作出什麼反應呢？
- 你渴望去校長室，甚至和校長一起吃飯嗎？為什麼？

小學趣事多②
追蹤蟻哥的奇幻旅程

作　　者：孫慧玲
繪　　圖：山　貓
責任編輯：黃稔茵
美術設計：黃觀山
出　　版：新雅文化事業有限公司
　　　　　香港英皇道 499 號北角工業大廈 18 樓
　　　　　電話：(852) 2138 7998
　　　　　傳真：(852) 2597 4003
　　　　　網址：http://www.sunya.com.hk
　　　　　電郵：marketing@sunya.com.hk
發　　行：香港聯合書刊物流有限公司
　　　　　香港荃灣德士古道 220-248 號荃灣工業中心 16 樓
　　　　　電話：(852) 2150 2100
　　　　　傳真：(852) 2407 3062
　　　　　電郵：info@suplogistics.com.hk
印　　刷：中華商務彩色印刷有限公司
　　　　　香港新界大埔汀麗路 36 號
版　　次：二〇二二年六月初版

版權所有‧不准翻印

ISBN: 978-962-08-7968-5
© 2022 Sun Ya Publications (HK) Ltd.
18/F, North Point Industrial Building, 499 King's Road, Hong Kong
Published in Hong Kong, China
Printed in China